Les abeilles

Texte de Stéphanie Ledu
Illustrations d'Emiri Hayashi

MILAN

C'est la belle saison. Autour de nous volent plein d'abeilles différentes.

L'abeille charpentière habite seule dans un tronc d'arbre.
La colonie de bourdons terrestres vit dans un vieux trou de souris !

Et là ? Ce sont des abeilles domestiques, celles que tu connais le mieux. On voit bien leur nid, formé de rayons de cire.

Les abeilles piquent rarement. Mais, si une ruche sauvage s'installe près de la maison, mieux vaut appeler un **apiculteur**, qui viendra la capturer !

L'apiculteur connaît bien les abeilles. Il prend soin d'elles et récolte leur miel. Dans chacune de ces **ruches** de bois, il élève une **colonie**.

Voici l'intérieur de la ruche ! Dans les petites cellules appelées **alvéoles**, les abeilles stockent leur nourriture : le **pollen** des fleurs et le **miel** qu'elles fabriquent.

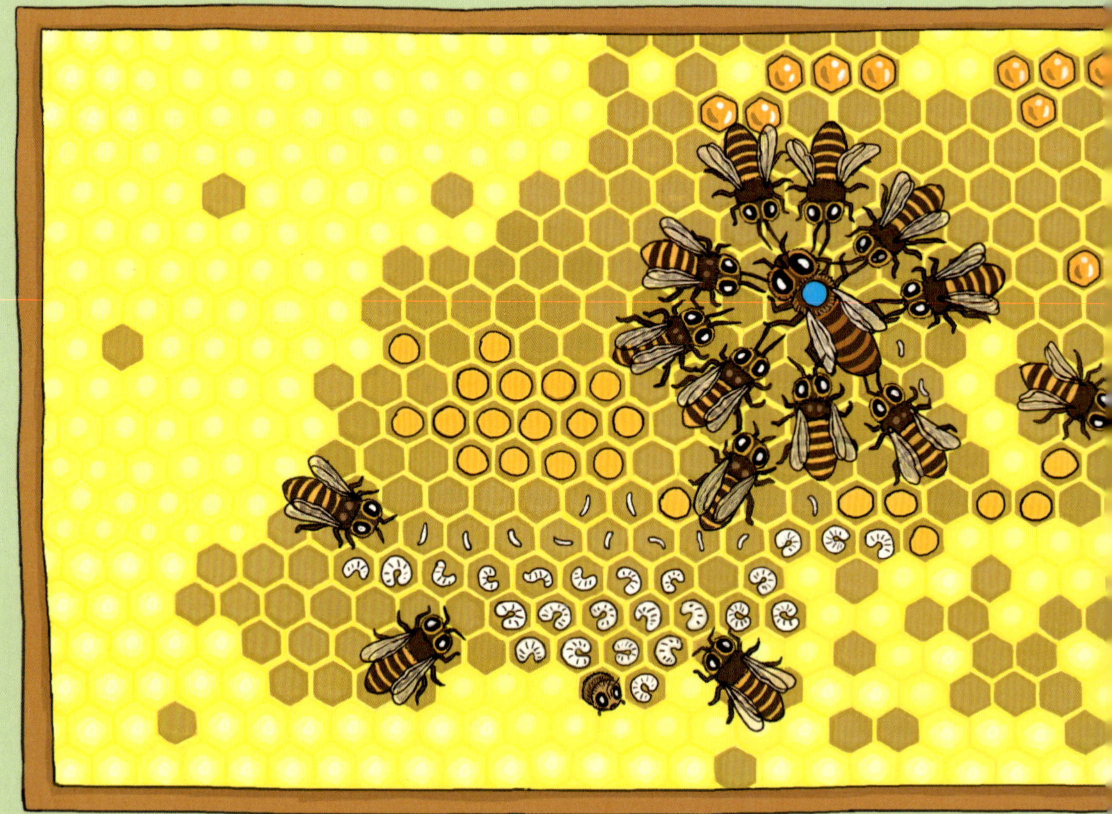

Il faut 21 jours pour que l'œuf donne une **ouvrière**...

l'**œuf** →

la **larve** —

Au centre, la reine pond ses œufs.
Elle est plus grande, et, pour la repérer facilement, l'apiculteur lui a mis un point coloré !

Dès sa naissance, l'abeille travaille. Pendant ses 3 premiers jours, elle **nettoie** les alvéoles. Puis elle devient **nourrice** et donne à manger aux **larves**.

À 10 jours, elle commence à produire de la cire sous son ventre. Elle mélange cette matière à sa salive pour construire des cellules ou les fermer.

L'abeille devient ensuite **magasinière**.

Elle récupère dans sa bouche le liquide sucré des fleurs que les **abeilles butineuses** rapportent à la ruche. Elle mélange ce **nectar** à sa salive, le recrache, recommence...

Placé dans une alvéole,
il donnera du beau **miel** doré !

Âgée de 15 à 20 jours, l'abeille **garde** la planche d'envol de la ruche. Gare aux ennemis, comme ces guêpes, qui voudraient entrer !

Elle laisse passer les abeilles
de la ruche qui reviennent des prés.

Enfin, jusqu'à la fin de sa vie, l'abeille devient **butineuse**.
Avec sa longue **trompe**, elle aspire le **nectar** au fond des fleurs.

Elle récolte le **pollen** des fleurs.
Puis elle en fait une boule
qu'elle place dans ses **corbeilles**.

Bzzzz... À son retour à la ruche, si elle a trouvé un beau champ, elle indique aux autres sa direction en dansant.

Ces ruches, qui sont placées près de gros buissons de **ronces**, donneront du **miel de ronce**.

Les fleurs **se fanent** ? Plus haut dans la montagne, l'apiculteur sait où trouver d'autres ronces, juste fleuries ! Il y transporte ses ruches la nuit, quand elles sont calmes.

L’apiculteur laisse une partie du miel à ses abeilles. Il récolte celui qui se trouve dans le casier du haut, où la reine ne va pas pondre.

Quand les cadres sont pleins de miel,
il les prend et en remet des vides…

Dans la miellerie, l'apiculteur enlève la cire qui ferme les cellules avec un couteau. Il place les cadres dans une machine qui, en tournant très vite, vide les alvéoles.

On laisse **reposer** le miel dans de grands **fûts**.
Puis l'apiculteur le met en pots. Direction la boutique !

Ici, on vend différentes sortes de délicieux miels, du pain d'épice, des bonbons… Miam ! On trouve aussi des savons et des bougies de cire qui sentent très bon.

La **gelée royale** est la nourriture des très jeunes larves et de la reine durant toute sa vie. Qui veut goûter ?

Pas d'abeilles inutiles dans la ruche !
En automne, les **mâles**, qui ne travaillent pas, sont chassés. Ces **faux bourdons** meurent très vite…

En hiver, les abeilles ne sortent pas. Elles sont environ 20 000 dans la ruche, contre 60 000 en été. Serrées les unes contre les autres, elles se tiennent chaud et se nourrissent grâce à leurs **réserves de miel** !

L'apiculteur a des centaines de ruches. Les amoureux de la nature peuvent aussi en installer quelques-unes dans leur jardin ou même sur un **toit en ville**.

En visitant ce **rucher-école**, les enfants apprennent que les abeilles sont très importantes.
Elles transportent le **pollen** d'une fleur à une autre : ce sont ces petits grains qui permettent aux plantes de donner des légumes et des fruits !

Découvre tous les titres de la collection Mes P'tits DOCS

À table !
Au bureau
Le bébé
Le bricolage
Les camions
Les Cro-Magnon

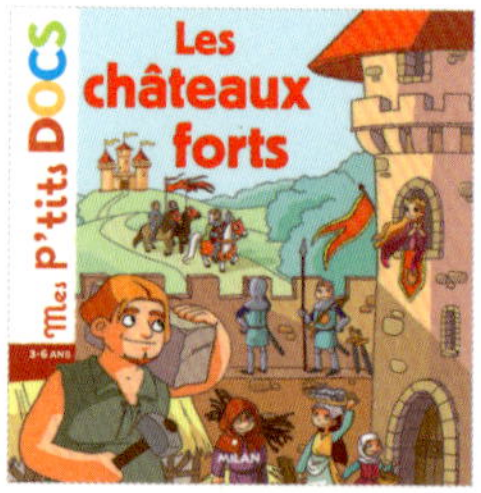

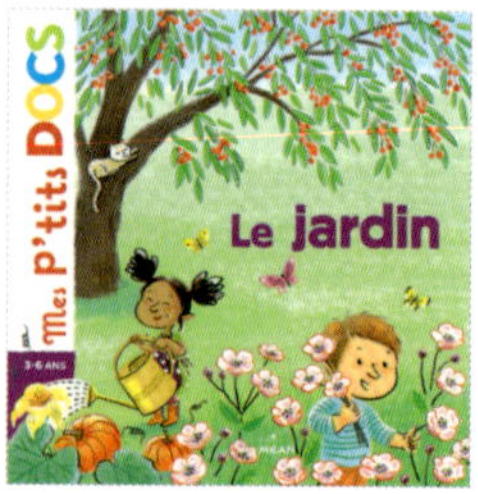

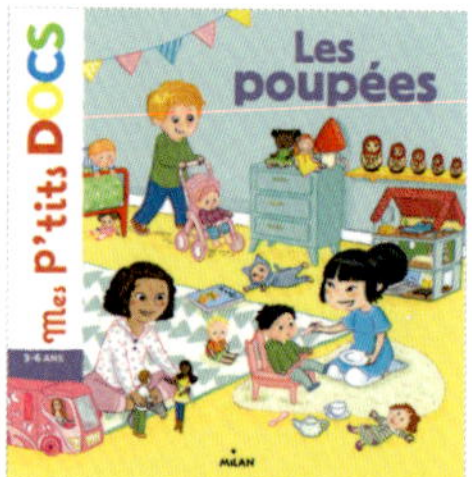

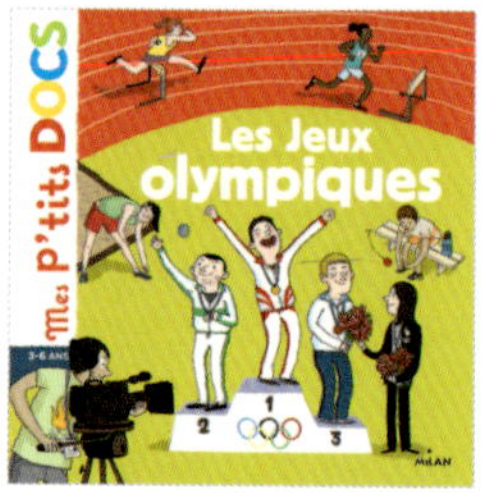

Les dents
Les dinosaures
L'école maternelle
L'espace
La ferme
La fête foraine